Château
Chapeau
Crocodile
Cactus
C
comme...
Chat
Cheval
Dindon
Désert
Dauphins
Douche
D
comme...
Dinosaure

Épouvantail
Étoiles
Éléphant
Élan
APPUIE
E
comme...
Fromage
Fauteuil
Flamants roses
Football
Fusée
F
comme...

G
comme...
Girafe
Gants
Globe
Grenouille
Guitare
JOUE
Hyène
Hippopotame
Hibou
Hockey
H
comme...
Hélicoptère

Igloo
I
comme...
Iceberg
APPUIE
Insecte
Île
Ibis
Jus de fruits
Jaune
Jeep
J
comme...
Jouets
Jaguar

Karaté
K
comme...
Kangourou
Koala
Kiwi
Kayak
Lapin
Loutre
Lampe
JOUE
Lion
L
comme...
Lutin

Maman
M
comme...
Maison
Mouton
Moto
Montagne
APPUIE
Nénuphar
Niche
Nuage
N
Nid
Narval
comme...

Œufs
Œil
Ours
Okapi
O
comme...
Oie
Pizza
Poule
Pommes
JOUE
Papa
P
comme...
Pelleteuse

Queue
Quilles
Quetzal
Q
comme...
4
Quatre
Raton
laveur
APPUIE
Rhinocéros
Robot
R
comme...
Renard
Raisin

S
comme...
Ski
Sapin
de Noël
Surf
Sanglier
Souris
JOUE
Tasse
Tambour
Tigre
Tracteur
Toucan
T
comme...

Usine
U
comme...
Uranus
Vache
V
comme...
Viking
APPUIE
Wagon
W
comme...
Wombat

Xérus
X
comme...
Xylophone
JOUE
Yoga
y
comme...
Yak
Zèbre
Z
comme...
Zoo

A
B
C
D
E
F
G
APPUIE
H
I
J
K
L
M
N